누리 과정에서 쏙쏙

사회관계 나를 알고 존중하기 – 나를 알고 소중히 여긴다.
　　　　　　더불어 생활하기 – 가족의 의미를 알고 화목하게 지낸다.

초등 과정에서 쏙쏙

통합 가족2 1.친척–가족과 친척, 우리 형제
통합 나2 1.나의 몸–내 몸이 무럭무럭, 내 몸을 살펴요, 내가 자랐어요
도덕 3 1.소중한 나–내가 소중한 이유를 알아보아요, 나를 소중히 하는 생활을 실천해요

감수 및 추천 이명근 박사(미국 존스홉킨스 대학교 교수 역임, 현재 연세대학교 보건대학원 교수)

세계 곳곳의 재난지에 뛰어들어 어린이들은 물론 도움이 필요한 사람들을 구조하며 봉사의 삶을 사는 분입니다. 알아야 더 잘할 수 있다는 믿음으로 연세대학교 보건대학원에 '국제 재난 대응 전문가 과정'을 개설하여 많은 재난 구조 전문가를 양성하고 있습니다. 국제 NGO인 '머시코'(Mercy Corp.)와 UNDP(유엔경제개발계획)에서 활동하기도 했습니다. 지금은 재난 구호의 필요성을 알리고, 아시아와 아프리카의 개발을 위해 '코이카'(KOICA, 한국국제협력단)와 국제 개발 기관인 '글로벌 투게더' 등과 함께 봉사에 앞장서고 있습니다.

글 김인숙

대학에서 영어영문학을 공부하였고, 지금은 어린이 책 쓰는 일을 하고 있습니다. 그동안 〈오천 년 지혜 담긴 건물 이야기〉, 〈엽기발랄 안다박사의 요건 몰랐지?〉 등 어린이들을 위해 많은 글을 썼으며, 어린이들이 재미있게 읽고 행복해할 수 있는 글을 쓰기 위해 노력하고 있습니다.

그림 백정석

이탈리아 밀라노 브레라 국립 미술 학교에서 회화를 공부하였으며, 2002년 한국출판미술대전에서 입상하였습니다. 그린 책으로는 〈사고뭉치 찾아요〉, 〈진짜진짜 무서운 세계전래동화〉, 〈찾았다! 일곱 마리 아기 햄스터〉, 〈돌아오지 않는 개〉, 〈동물들이 울고 있어요〉, 〈해님 달님〉, 〈제이콥스가 들려주는 영국 옛이야기〉 등이 있습니다.

인체 | 아기의 탄생
25. 아기 씨와 아기 알이 만나면

글 김인숙 | **그림** 백정석
펴낸곳 스마일 북스 | **펴낸이** 이행순 | **제작 상무** 장종남
대표 조주연 | **주소** 서울특별시 종로구 사직로8길 20, 103호
출판등록 제2013 - 000070호   **홈페이지** www.smilebooks.co.kr
전화번호 1588 - 3201   **팩스** (02)747 - 3108
기획 · 편집 조주연 김민정 김인숙 | **디자인** 김수정 정수하
사진 제공 및 대여 셔터스톡 연합뉴스 프리픽

이 책의 모든 글과 그림 등의 저작권은 스마일 북스에 있습니다.
본사의 허락 없이 이 책에 실린 내용의 일부 또는 전체를 어떤 형태로든지
변조하거나 무단 복제하는 것은 법으로 금지되어 있습니다.

⚠ 책을 집어던지면 다칠 수 있으니 조심하십시오. 잘못 만들어진 책은 바꾸어 드립니다.

아기 씨와 아기 알이 만나면

글 김인숙 | 그림 백정석

"준이야, 엄마 청소하는데 어지르면 어떡하니?"
엄마가 한숨을 쉬셨어요.

엄마는 나깐 미워해!

"엄마 미워!"
준이는 빽 소리를 질렀어요.
그리고는 쿵쿵쿵 걸어서 방으로 들어갔어요.

준이는 요즘 자꾸만 화가 나요.

준이가 엄마에게 놀자고 하면,
"엄마는 지금 아기 맘마 줘야 해."

준이가 혼자서 놀고 있으면,
"쉿! 아기가 자고 있잖니."

준이가 아기와 놀려고 하면,
"아기 귀찮게 하면 안 돼."
라고 엄마는 말씀하시지요.

"난 주워 왔나 봐."
준이 얼굴에 또르르 눈물이 흘렀어요.

"준이, 지금 뭐 해?"
엄마가 다가와 물으셨어요.
그러자 준이는 몸을 홱 돌리며 말했어요.
"엄마는 진짜 내 엄마가 아니지요?"
엄마는 물끄러미 준이를 바라보셨어요.

잠시 후, 엄마가 책 한 권을 들고 오셨어요.
"엄마 배 속에 있던 준이 보여 줄까?"
그 말에 준이는 귀가 솔깃했어요.

"이게 나예요? 너무 작아서 보이지도 않는데?"
준이는 작은 사진을 뚫어지게 쳐다봤어요.
"그런데 내가 어떻게 엄마 배 속에 들어갔어요?"

"그건 엄마, 아빠가 사랑을 나누었기 때문이야.
그러면 아빠의 아기 씨인 **정자**와 엄마의 아기 알인 **난자**가 만나거든."
"어떻게요?"

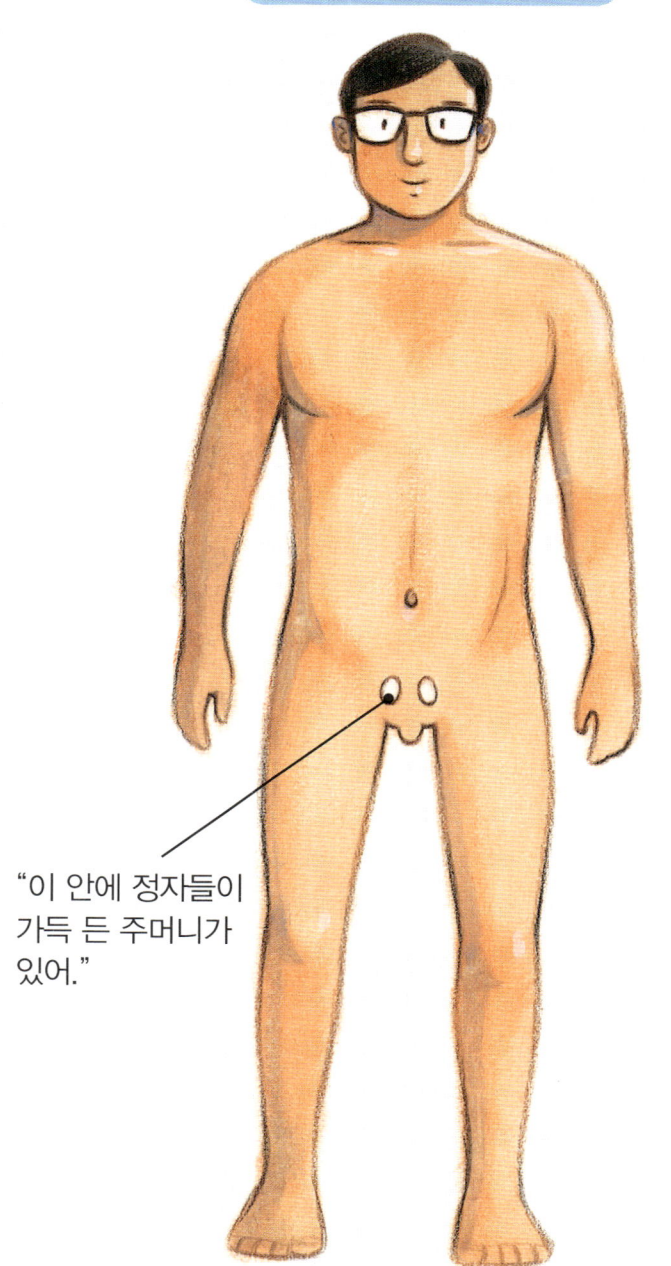

아빠 몸은 이렇게 생겼어.

"이 안에 정자들이 가득 든 주머니가 있어."

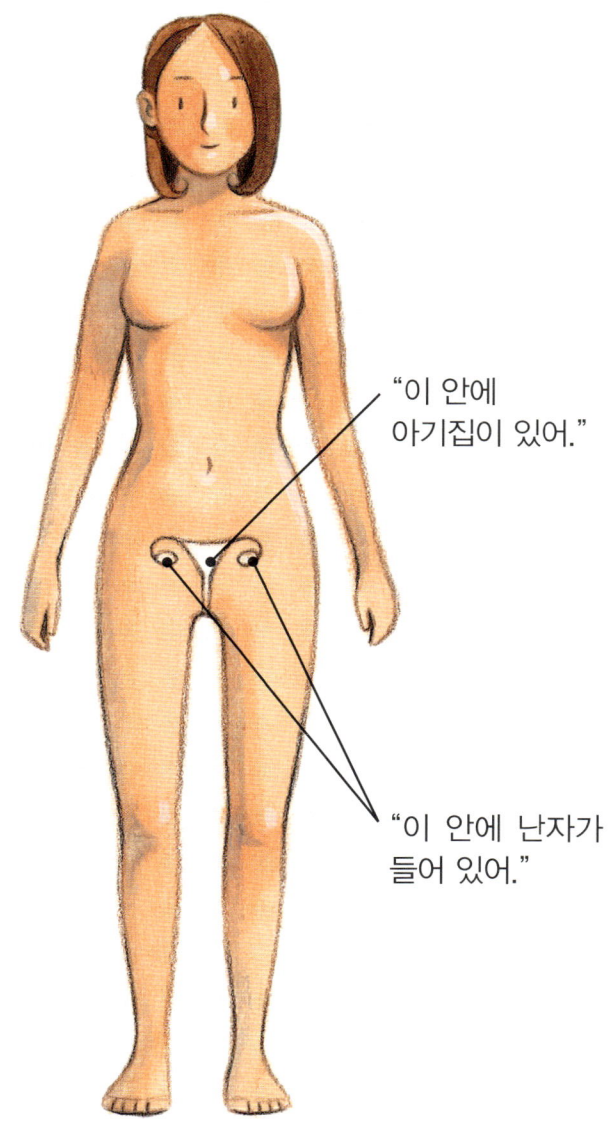

엄마 몸은 이렇게 생겼어.

"이 안에 아기집이 있어."

"이 안에 난자가 들어 있어."

"아빠와 엄마가 사랑을 나누는 동안 수많은 정자가 아빠 몸속에서 나와 엄마 몸속으로 달려가.

그중에 일등을 한 정자가 엄마의 난자와 만나 아기집에서 자라는 거야."

"그런데 엄마는 내가 배 속에 있는 걸 어떻게 알았어요?"
준이는 궁금한 게 많아졌어요.
"어느 날 네가 신호를 보냈어.
김치를 꺼내는데 갑자기 토할 것 같지 뭐니.
그래서 병원에 가 보았지."

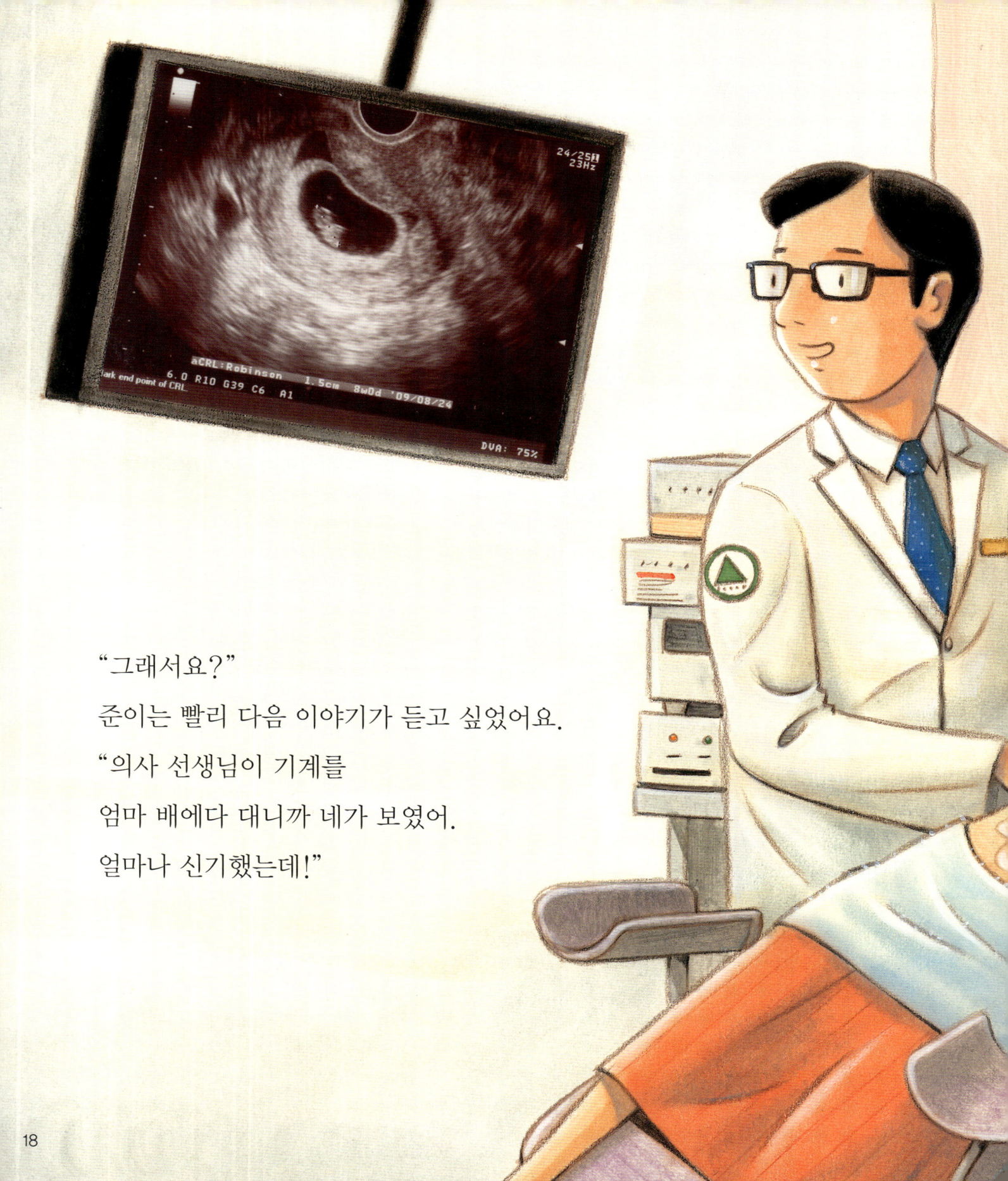

"그래서요?"
준이는 빨리 다음 이야기가 듣고 싶었어요.
"의사 선생님이 기계를
엄마 배에다 대니까 네가 보였어.
얼마나 신기했는데!"

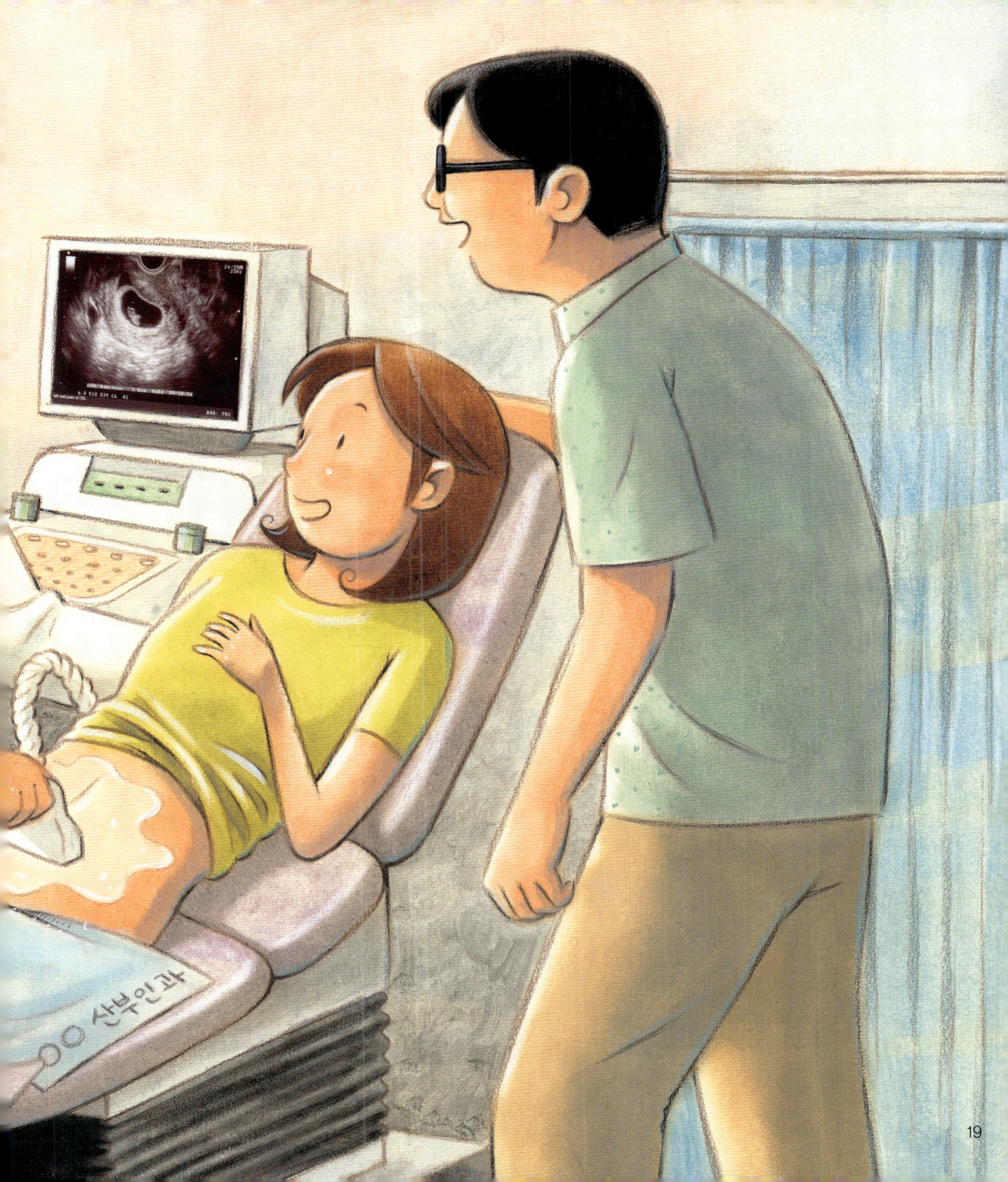

"처음엔 작은 점 같았는데,
한 달 후에는 머리가 보이고,
심장이 콩닥콩닥 뛰었어."

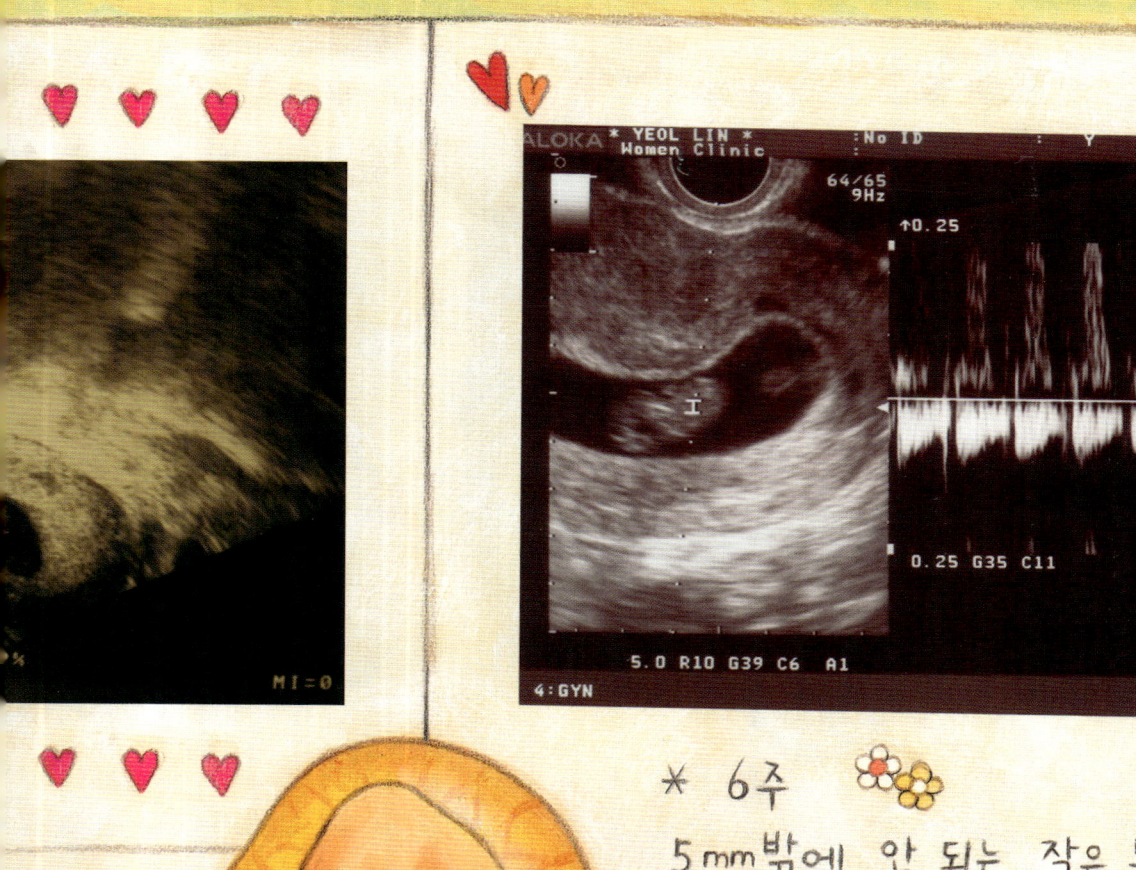

＊ 6주
5mm밖에 안 되는 작은 몸에서
심장이 콩닥콩닥.
엄마 마음도 콩닥콩닥 뛴단다.
5mm는 ● 요만하다.

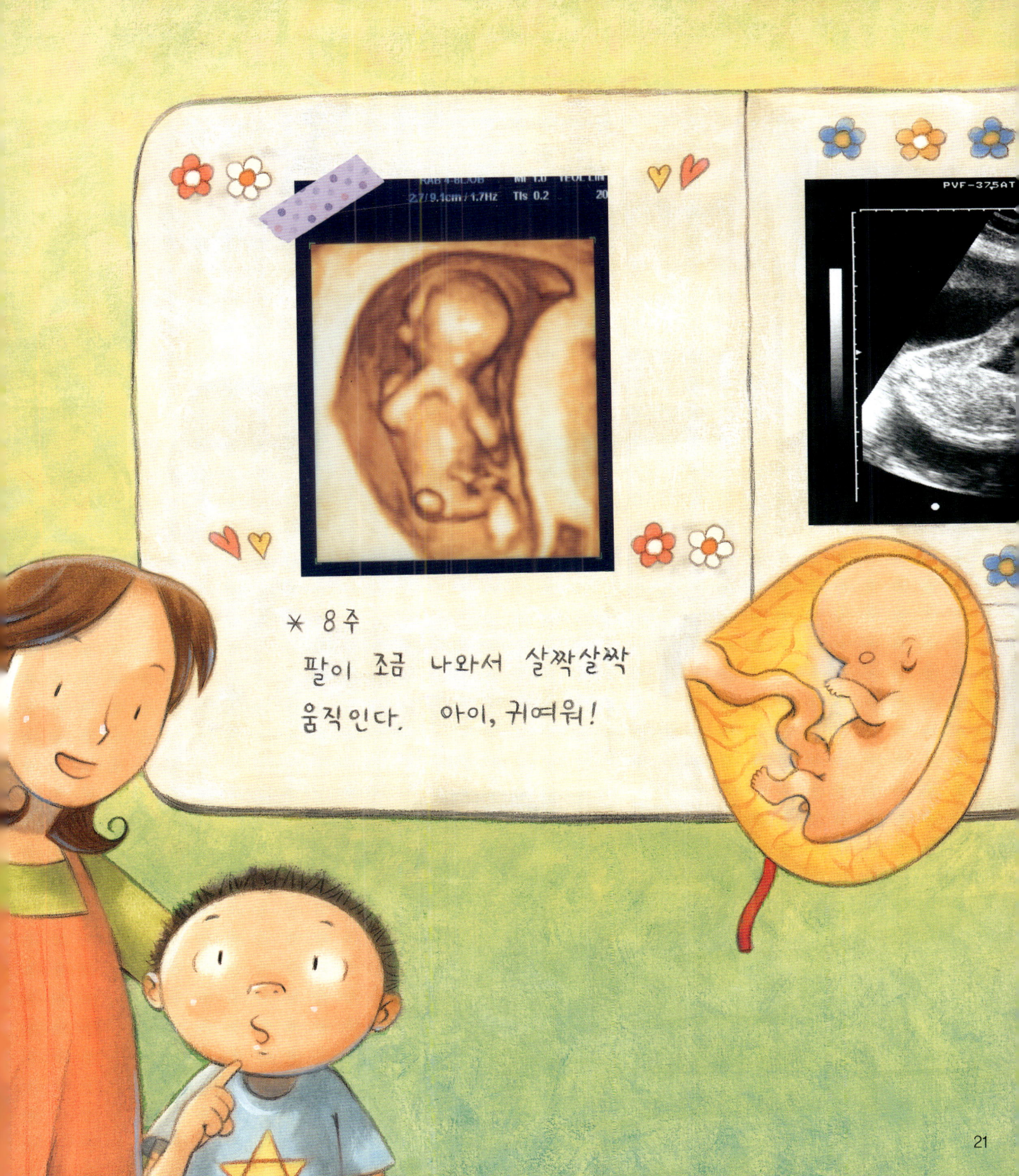

"준이는 엄마 배 속에서 점점 자라났어.
그러면서 세상에 나올 준비를 하는 거야."
"엄마 배 속에서는 무얼 먹고 자라요?"

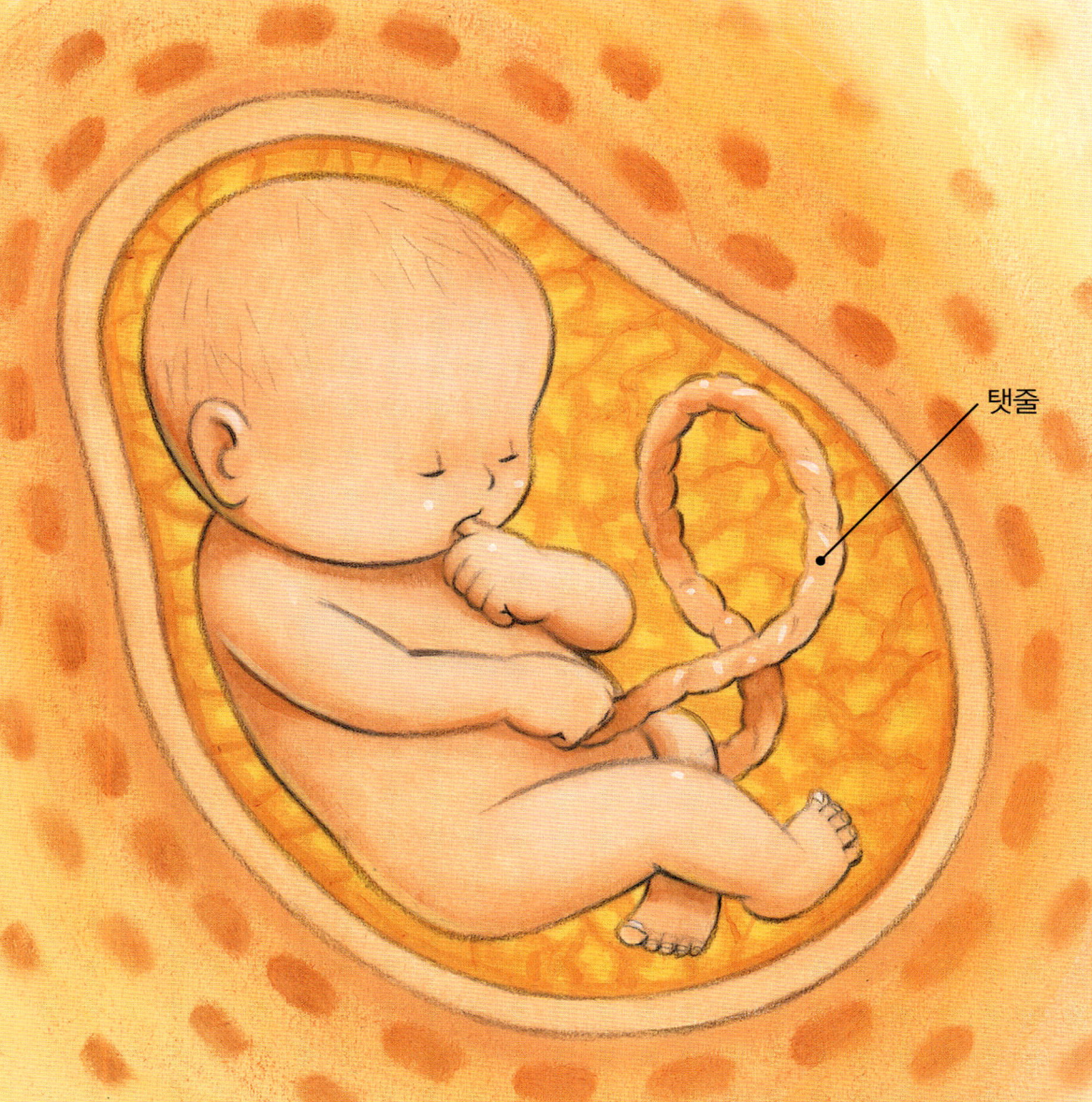

탯줄

"아기는 엄마랑 긴 줄로 이어져 있어.
그 줄을 통해 엄마한테서 영양분을 받는 거야.
준이 배꼽 어디 있지?"
"여기요!"
"이 배꼽이 엄마랑 연결된 **탯줄**이 있던 자리야."

🍎 **탯줄**
탯줄은 엄마와 아기를 이어 주는 통로로, 가늘고 긴 띠 모양으로 생겼어요. 엄마가 아기를 가진 지 한 달쯤 되면 생겨요. 탯줄을 통해 아기는 산소와 영양분을 받아요. 배꼽은 탯줄이 있던 자국이에요.

"와, 엄마 배가 뚱뚱해요!"
준이가 사진을 보며 웃었어요.
"준이가 많이 자라서 엄마 배도 뚱뚱해진 거야.
어휴, 그때 네가 엄마 배를 얼마나 많이 찼는지 알아?"
"내가 발로 찼다고요? 기억이 안 나요."

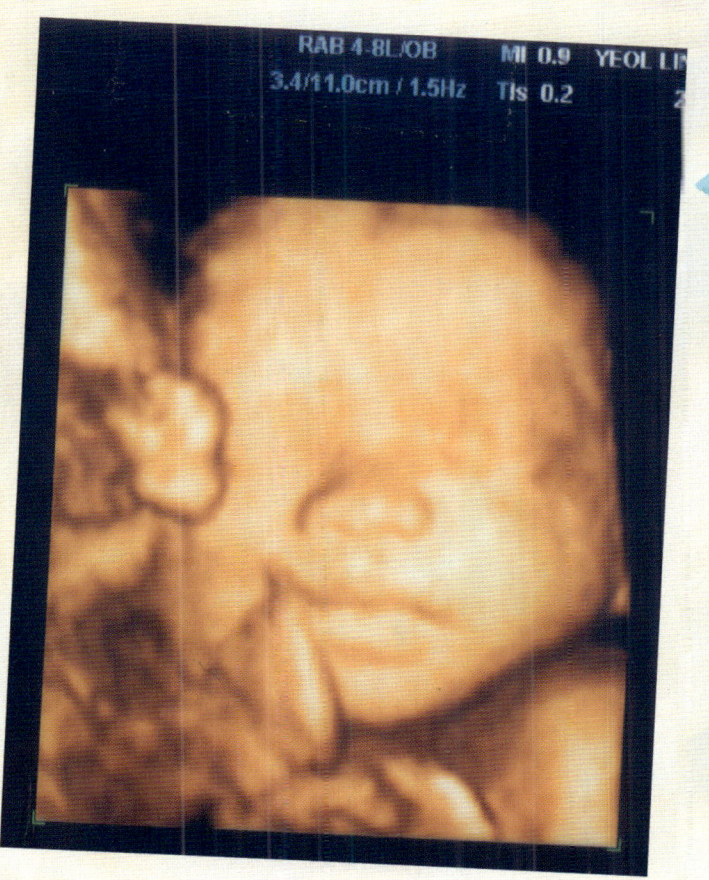
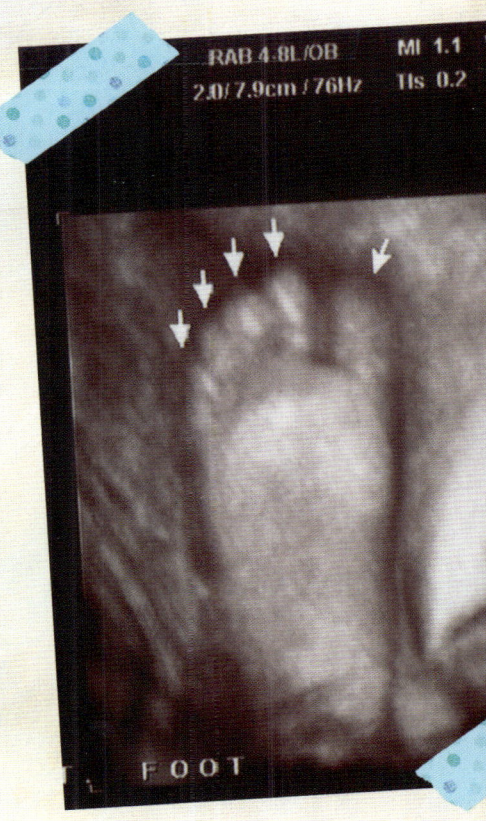

✳ 38주

오뚝한 코가 엄마를 닮았단다.
그런데 아빠는 자꾸만 자기를 닮았다고 하네.
빨리 나와서 엄마랑 아빠 중에
누굴 더 닮았는지 보여 줘.

"그렇게 열 달쯤 지났는데,
어느 날 갑자기 배가 막 아파 왔어.
그건 네가 밖으로 나오고 싶다고 엄마에게 보내는 신호였어.
그래서 얼른 아빠하고 병원에 갔단다."
"그다음 어떻게 됐는데요?"

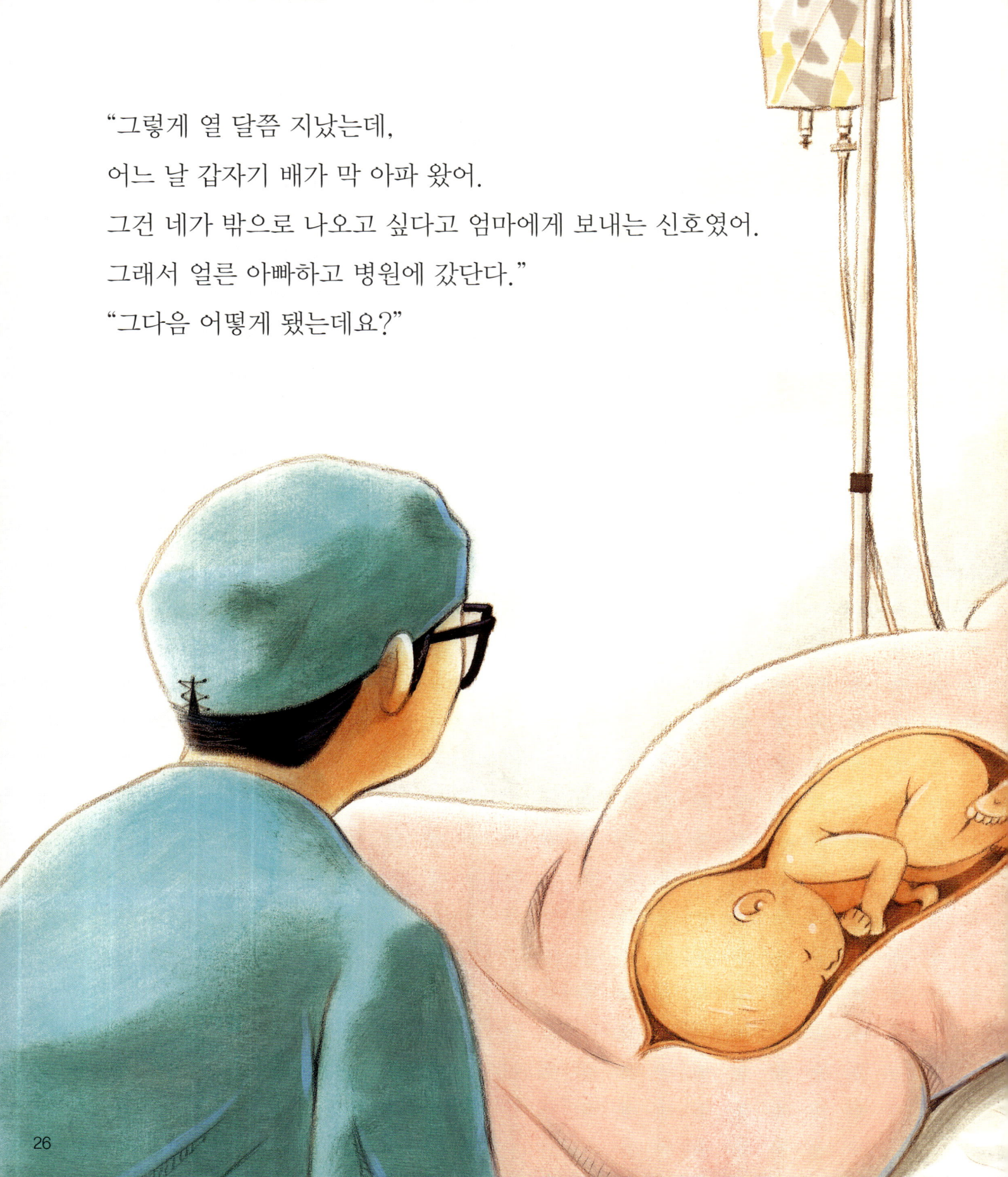

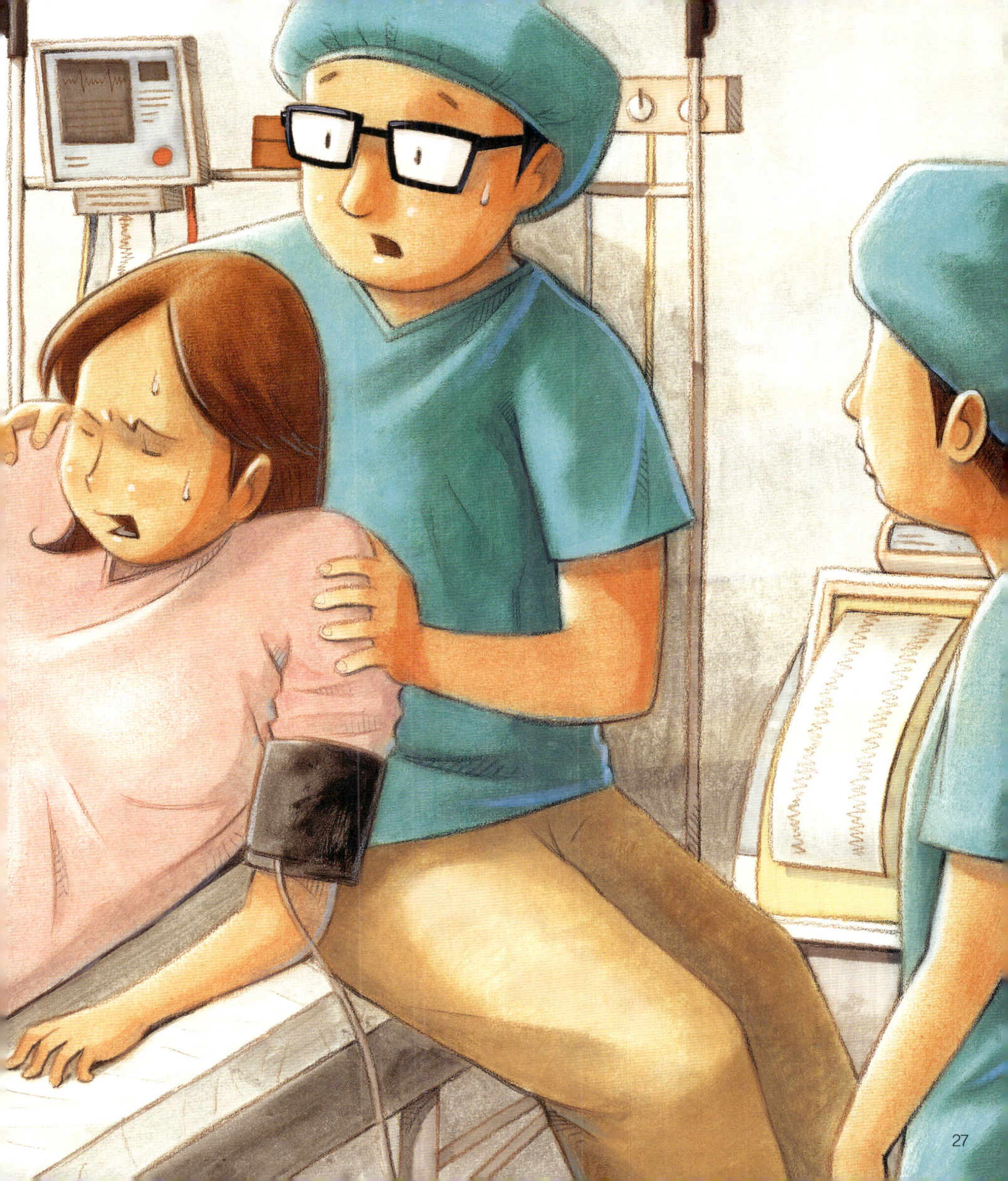

"엄마는 네가 밖으로 나올 수 있도록 잔뜩 힘을 줬어.
아빠는 옆에서 영차영차 응원을 해 줬고.
한참을 그러다 보니까 어느 순간
네가 밖으로 나오더니 응애응애 울고 있더라."

아기가 나를 닮았어!

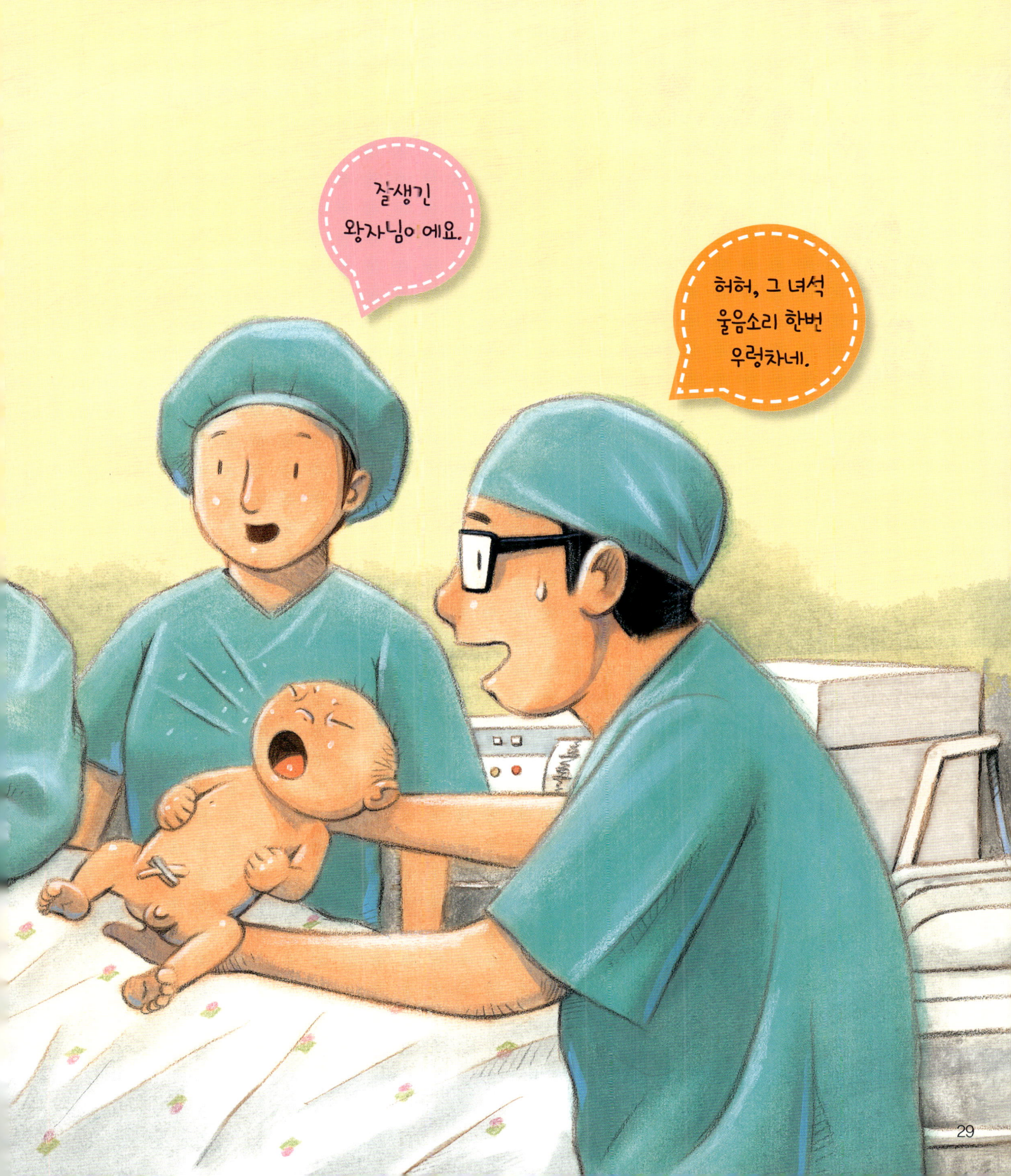

"이 아기 누굴까?"
엄마가 누워 있는 아기 사진을 가리키셨어요.
"얘가 나예요?"
"그럼, 세상에서 제일 사랑스러운 우리 준이지."

우리 아기가 태어났어요.
세상에서 가장 예쁜 아기랍니다.
사랑해, 아가!

엄마가 준이를 꼭 안아 주셨어요.
"엄마는 우리 준이를 하늘만큼 땅만큼 사랑해."
준이도 엄마를 꼭 안고 말했지요.
"준이도 엄마를 하늘만큼 땅만큼 우주만큼 사랑해요!"

아기는 어떻게 태어날까요?

엄마와 아빠가 사랑을 하면, 아빠 몸속에 있는 아기 씨인 '정자'들이 엄마의 몸속에 있는 아기 알인 '난자'를 찾아가요. 이렇게 정자와 난자가 만나 아기가 생기는 것을 **임신**이라고 해요.

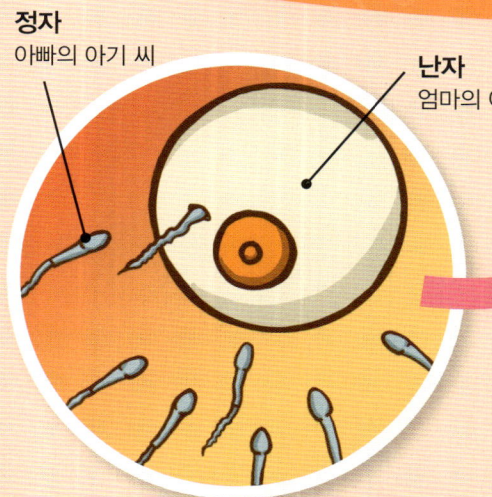

정자 아빠의 아기 씨
난자 엄마의 아기 알

엄마 배 속에서 정자와 난자가 만나요.

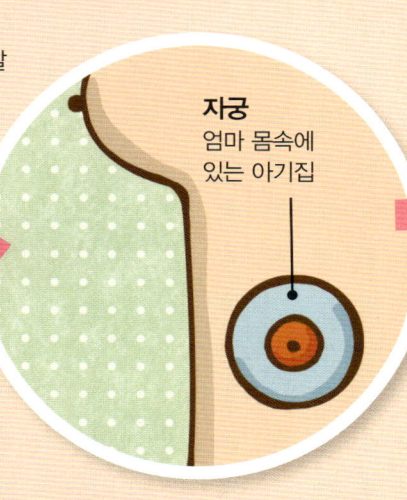

자궁 엄마 몸속에 있는 아기집

아기집 안에 자리를 잡아요.

1개월
아기는 손톱만큼 자라요.

8개월
엄마 목소리를 구분할 수 있어요.

9개월
손톱, 발톱이 자라고 머리카락 색도 진해져요.

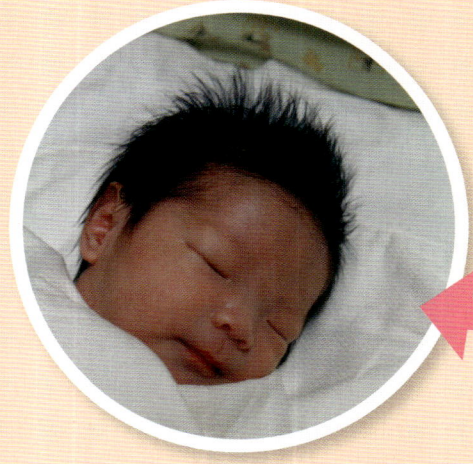

10개월
세상 밖으로 나와요.

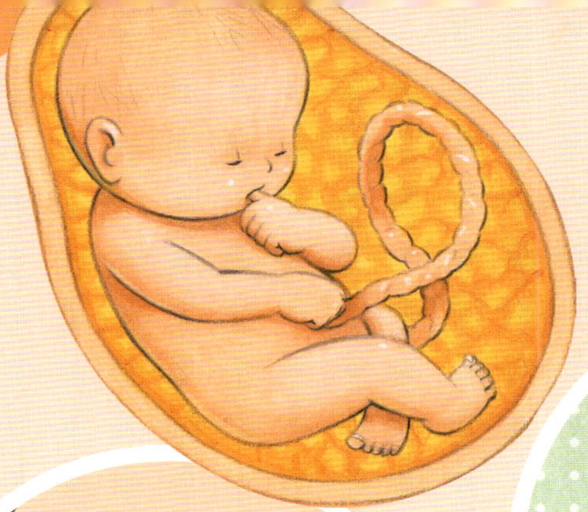

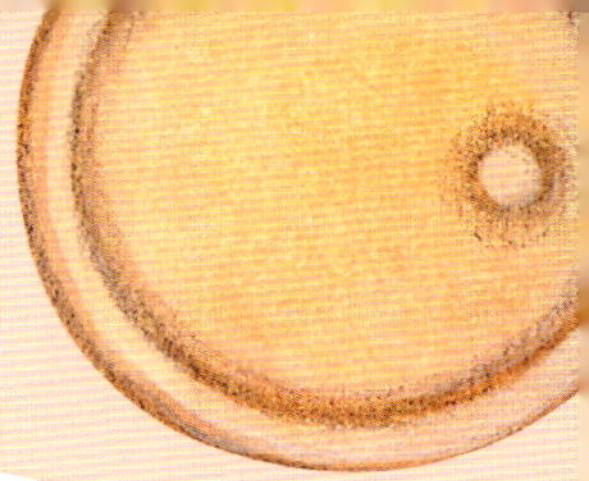

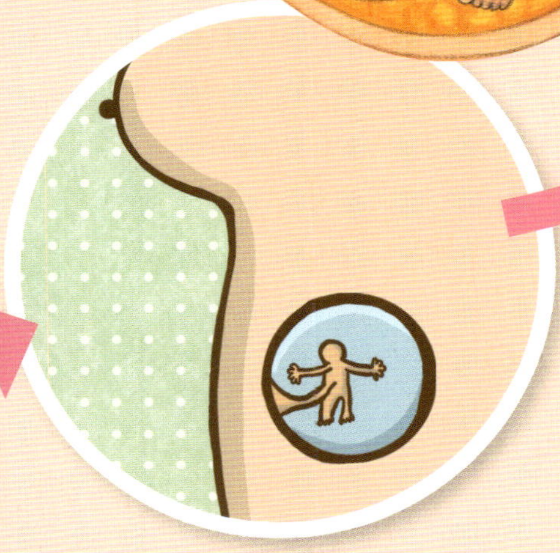

2개월
새끼손가락만큼 자라고,
손가락과 발가락이 생겨요.

3개월
눈, 코, 귀, 입 같은
얼굴 모양이 생겨요.

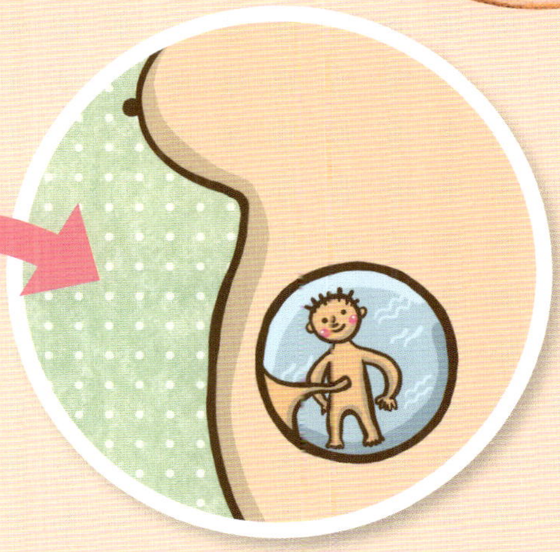

4개월
머리카락이 자라요.

5개월
손과 발을 움직여요.

6개월
몸을 움직여요.

7개월
소리를 들어요.

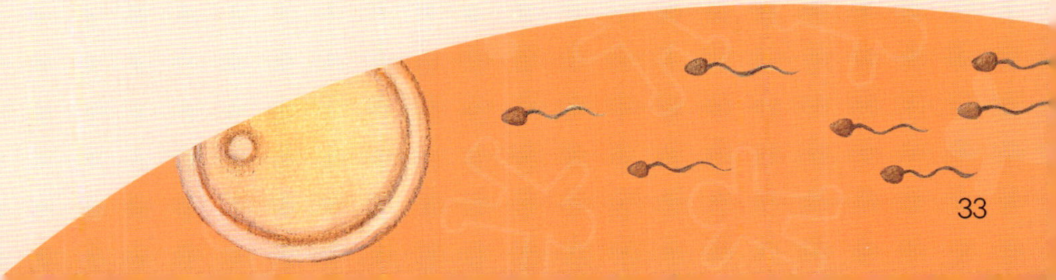

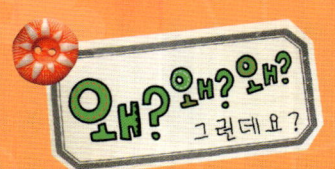
임신과 출산에 대한 요런조런 호기심!

여자는 왜 고추가 없나요?

남자는 서서 오줌을 누고, 여자는 앉아서 오줌을 누지? 그래서 남자는 고추가 있고, 여자는 고추가 없는 것처럼 보여. 사실 보이지는 않지만 여자도 고추가 있어. 남자는 고추가 밖으로 나와 있지만, 여자는 고추가 몸 안으로 들어가 있을 뿐이란다. 여자는 어른이 되면 아기를 낳는 중요한 일을 해야 하기 때문에 소중하게 몸 안에 품고 있는 거란다.

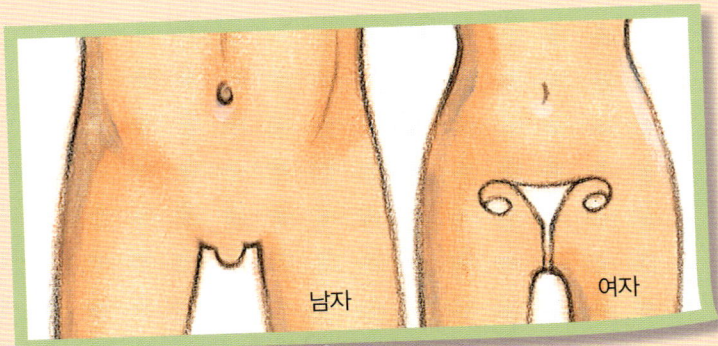
남자의 고추는 밖으로 나와 있지만, 여자는 몸 안에 있어요.

아기는 엄마 배 속에서 어떻게 자라요?

엄마 배 속에 있을 때 아기는 '양수'라는 미지근한 물속에서 살아. 또한 줄로 엄마와 이어져 있는데, 이 줄을 '탯줄'이라고 부른단다. 탯줄을 통해 아기는 엄마 몸속에 있는 영양분을 받고, 숨을 쉴 수 있도록 산소를 받아. 아기가 태어나면 더 이상 탯줄이 쓸모가 없어져. 아기 스스로 먹고 숨을 쉴 수 있으니까. 그래서 아기가 태어나면 탯줄을 잘라 묶어 놓지. 그 흔적이 '배꼽'이란다.

탯줄이 있던 자리에 배꼽이 생겨요.

배 속의 아기도 똥을 누나요?

배 속에 있는 대부분의 아기는 똥을 누지 않아. 아기는 탯줄을 통해 엄마 몸속에 있는 영양분을 받기 때문이야. 간혹 배 속에서 똥을 누어서 그 똥을 먹는 아기들이 있는데, 그러면 큰일 난단다. 아기는 태어나서 처음으로 똥을 누는데, 검고 물기가 많은 이 똥을 '태변'이라고 부른단다.

아기가 태어나 처음 눈 태변이에요.

아기는 태어날 때 왜 울음을 터뜨리나요?

아기가 엄마 배 속에 있을 때는 탯줄을 통해 산소를 얻기 때문에 스스로 숨을 쉬진 않아. 하지만 엄마 배 속에서 나오면 스스로 숨을 쉬어야 하기 때문에 울음을 터뜨리는 거야. 만약 아기가 울지 않으면 의사들은 엉덩이를 때려 울게 한단다.

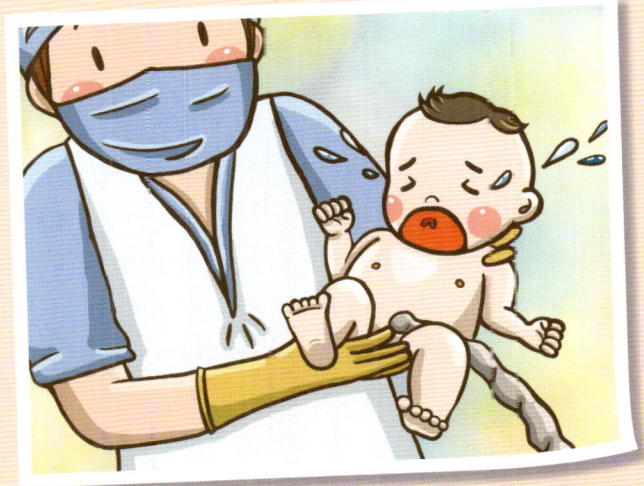

갓 태어난 아기는 스스로 숨을 쉬게 되면서 첫울음을 터뜨려요.

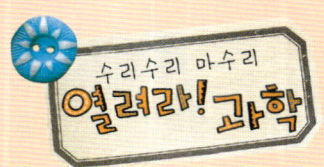

쌍둥이들, 모여라!

한 엄마의 배 속에서 두 명, 세 명이 함께 태어날 수도 있어요. 이런 아이들을 '쌍둥이'라고 불러요. 쌍둥이는 얼굴이 서로 구별하지 못할 정도로 닮는 경우가 많아요. 남자와 남자, 또는 여자와 여자끼리 태어나기도 하고, 남자와 여자가 태어나기도 해요.

일란성 쌍둥이는 성별이 같고, 생김새도 닮았어요.

이란성 쌍둥이는 성별이나 생김새가 다를 수 있어요.

드물기는 하지만, **세쌍둥이**가 태어날 수도 있어요.

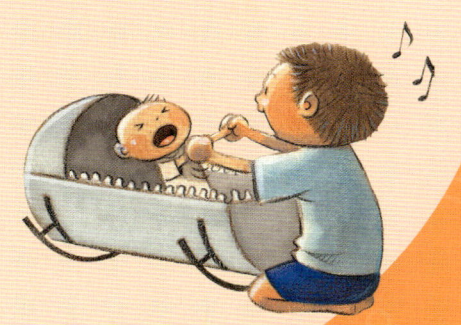

그림 카드를 맞춰요

아기가 태어나는 순서대로 그림 카드를 맞춰 보세요.

1. 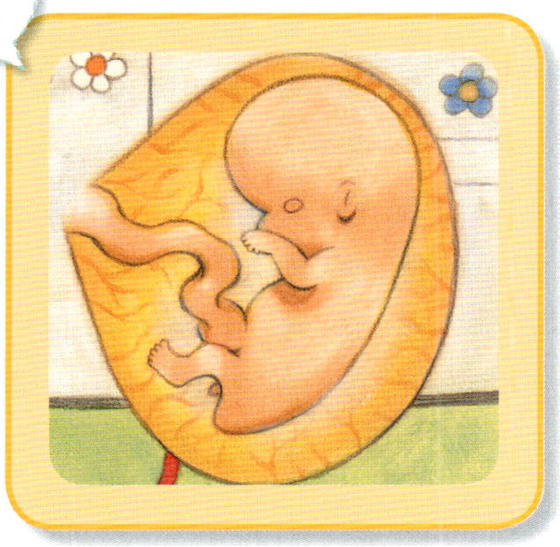
2. 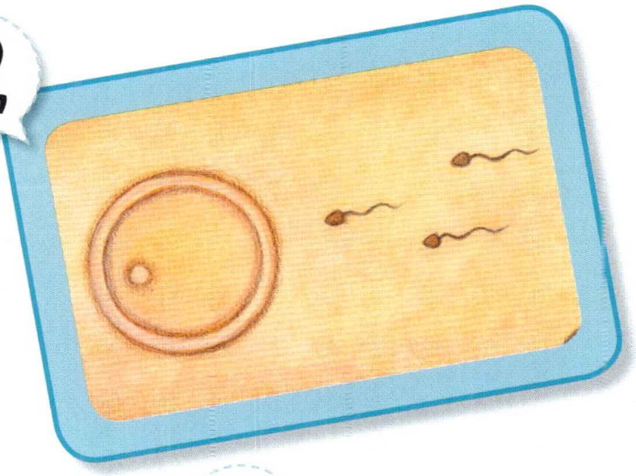
3. 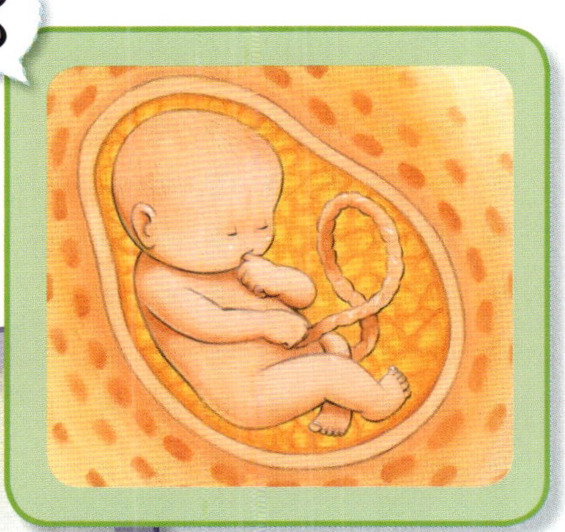
4. 
5.

정답 ②-④-①-③-⑤